Jo-Jo

Lesebuch **2**

Arbeitsheft
Fördern

Erarbeitet von

Nicola Kiwitt

Martin Wörner

Jo-Jo

Lesebuch 2
Arbeitsheft
Fördern

Erarbeitet von	Nicola Kiwitt, Martin Wörner
Redaktion	Martina Schramm, Kaarst
Illustrationen	Thorsten Droessler, Pe Grigo
Umschlagillustration	Barbara Jung
Gesamtgestaltung und technische Umsetzung	Heike Börner

Bild- und Textquellen

S. 9 1. v. oben: © mauritius images/Alamy; 2. v. oben: © Shutterstock/Ralf Gosch; Mitte: Fotolia/© Friedberg; 2. v. unten: © F1online; unten: Fotolia/ © schulzfoto. **S. 7** Koneffke, Jan: Herr Kakadu Herr Papagei (gekürzt, bearbeitet). Aus: Fried, Amelie (Hrsg.): Ich liebe dich wie Apfelmus. cbj Kinder und Jugendbuchverlag in der Verlagsgruppe Random House, München 2006. **S. 25** Schweiggert, Alfons: Lieber, guter Nikolaus … (bearbeitet). Aus: Schweiggert, Alfons: Die Geschichte vom beschenkten Nikolaus. Aus: Krenzer, Rolf: Weihnachten ist nicht mehr weit. Lahn Verlag, Limburg 1986. **S. 27** KNISTER und Maar, Paul: Ulli ist krank. Aus: Frühling, Spiele, Herbst & Lieder. Otto Maier Verlag, Ravensburg 1981. **S. 28** Bartoschek-Rechlin, Eva, und Werner Rizzi: Wenn die Sonne ihre Strahlen …/Liegst du noch in schönsten Träumen … Aus: Bartoschek-Rechlin, Eva, und Werner Rizzi: Die Reise der Sonne. Musik von Heinz Lemmermann. © Fidula Verlag, Boppard/Rh. o. Jahr. **S. 33** Masurel, Claire: Ich hab zwei Haustüren (gekürzt). Aus: Masurel, Claire: Ich hab euch beide lieb. Übersetzt von Irmtraut Fröse-Schreer. Brunnen Verlag, Gießen 2007.; **S. 39** Weiler, Jan: Und ich habe meine Noten gepackt … Aus: Weiler, Jan: Hier kommt Max. Rowohlt Verlag, Hamburg 2009. **S. 42** 1. v. oben: © mauritius images/Alamy; 2. v. oben: © action press/BECKER&BREDEL; 2. v. unten: © Shutterstock/Jose Angle Astor Rocha; unten: © Shutterstock/Bernd Juergens. **S. 54** Nöstlinger, Christine: Der Franz hat es nicht leicht (bearbeitet). Aus: Nöstlinger, Christine: Fernsehgeschichten vom Franz. Verlag Friedrich Oetinger, Hamburg 1994. **S. 58** Brender, Irmela: An den Papa/An die Mama (bearbeitet). Aus: Brender, Irmela: War mal ein Lama in Alabama. Verlag Friedrich Oetinger, Hamburg 2001. **S. 62** Buchcover, 1. v. oben: Boie, Kirsten, und Philip Waechter (Illustration): Josef Schaf will auch einen Menschen. Verlag Friedrich Oetinger, Hamburg 2002; 2. v. oben: Parvela, Timo: Ella in der Schule. Mit Illustrationen von Sabine Wilharm. © 2007 Carl Hanser Verlag, München; 3. v. oben: Droyd, Ann: Stecker raus und aus die Maus © Verlag Antje Kunstmann, München 2012; 3. v. unten: Coverartwork nach Seuss: Jeder Tag hat eine Farbe. Erschienen im cbj Verlag, München, in der Verlagsgruppe Random House GmbH; 2. v. unten: Michels, Tilde, und Reinhard Michl (Illustration): Es klopft bei Wanja in der Nacht. Verlag Friedrich Oetinger, Hamburg 2013; unten: Lagerlöf, Selma, und Joëlle Tourlonias (Illustration): Nils Holgersson. Nacherzählt von Usch Luhn. Ellermann im Dressler Verlag, Hamburg 2013. **S. 63** Buchcover, 1. v. oben: WAS IST WAS, Junior, Band 13, Weltraum. Illustriert von Sebastian Coenen. Tessloff Verlag, Nürnberg 2009. 2. v. oben: Rosenboom, Hilke: Hund Müller. Illustriert von Dunja Schnabel. © Carlsen Verlag, Hamburg 2007; Mitte: Ernsten, Svenja: Wiesenblumen. Meine große Naturbibliothek. © by Esslinger in der Thienemann-Esslinger Verlag GmbH, Stuttgart 2013; 2. v. unten: Klein, Martin, und Marion Goedelt (Illustration): Ronja und das Zauberpony. © 2013 Tulipan Verlag, München; unten: Sodtke, Matthias (Text), Günter Dybus (Sprecher): Die schönsten Geschichten von Nulli und Priesemut (DVD-Cover). Oetinger Media, Hamburg 2012.

www.cornelsen.de

Aus didaktischen Gründen wurden Texte gekürzt/verändert.

1. Auflage, 6. Druck 2025

Alle Drucke dieser Auflage sind inhaltlich unverändert
und können im Unterricht nebeneinander verwendet werden.

© 2016 Cornelsen Schulverlage GmbH, Berlin
© 2017 Cornelsen Verlag GmbH, Mecklenburgische Str. 53, 14197 Berlin,
E-Mail: service@cornelsen.de

Druck: Cornelsen Verlagskontor, Bielefeld

ISBN: 978-3-06-083635-2

Inhalt

 Wahlaufgabe

Miteinander

1 Folge den Linien nur mit den Augen.
Zähle die Hindernisse und Straßen auf jedem Weg.

Tim: **2**   Lisa: ☐   Leo: ☐   Murat: ☐   Dana: ☐

2 Lies und ergänze.

Die wenigsten Hindernisse hat _____ .

Die meisten Hindernisse hat _____ .

Vorbereitend zu Jo-Jo-Lesebuch 2, Kapitel 1, Seite 16/17:
Blickschulung, Lückensätze ergänzen

Schau genau!

1 Die Häuser und Bäume sind nicht gleich.
Kreise auf der rechten Seite zehn Fehler ein.

2 Wo haben sich **Hase** und **Maus** versteckt?
Kreise die beiden Wörter ein.

Hose Hose Haus Hose Hose Hose Haus Hose Hose Hose
Haus Hose Haus Haus Haus Haus Haus Maus Haus Haus
Haus Haus Haus Hase Hose Hose Haus Haus Haus Hose

Silben und Wörter lesen

1 Lies von oben nach unten.
Schwinge die Silben. Zähle sie.

				Vor	☐
Gar	1	Kohl	☐	Vorder	☐
Garten	☐	Kohlkopf	☐	Vorderaus	☐
Gärten	☐	Kohlköpfe	☐	Vorderausgang	☐

2 Mache aus den Silben Wörter. Zeichne Silbenbögen ein.
Verbinde passend mit den Bildern.

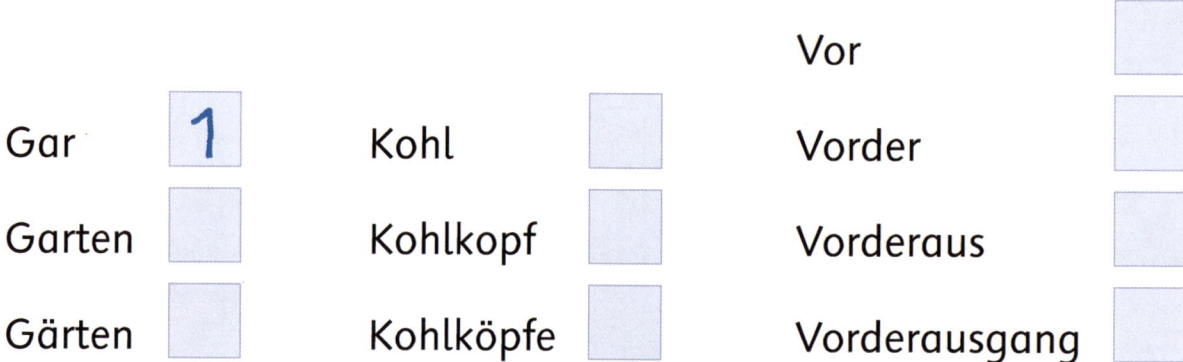

platz
Spiel
Spielplatz

hüt
Hun
te
de

Ze
strei
fen
bra

zaun
Bret
ter

Gar
tor
ten

Zu Jo-Jo-Lesebuch 2, Kapitel 1, Seite 16/17:
Silben lesen, schwingen und zählen; Silben zu Wörtern verbinden

Wörter lesen und ergänzen

1 Lies genau.
Verbinde jedes Wort mit dem passenden Bild.

Brett   Blume   Straße
Bretter   Blumen   Straßen
Bretterzaun   Blumenbeet   Straßenbahn

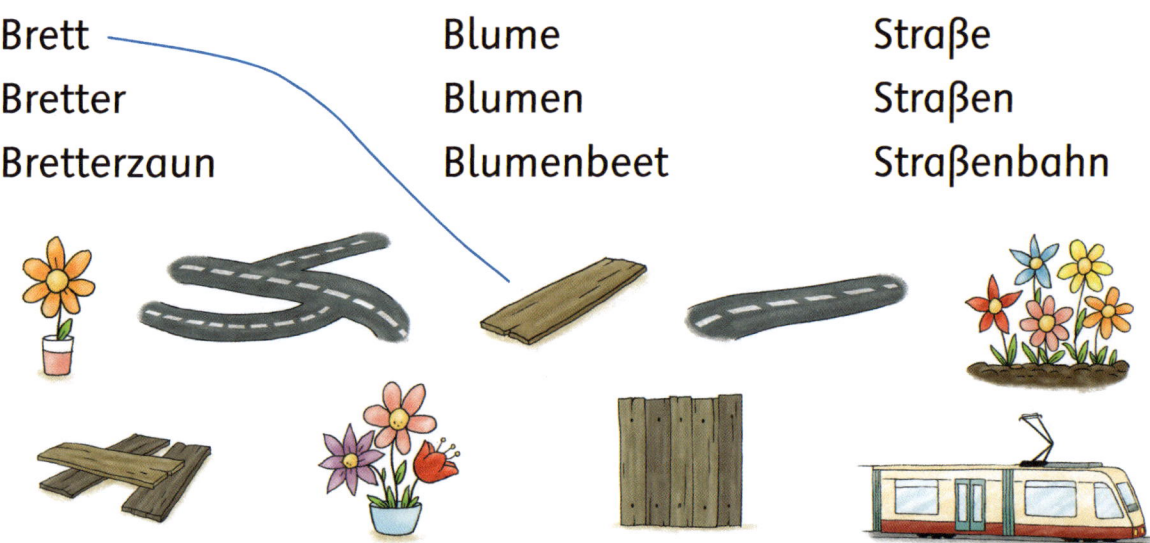

2 Lies und ergänze die Wörter. Schreibe sie auf.

| büsch | ter | ~~zes~~ | las | tern | ber | sich | köp |

auf dem kür __zes__ ten Weg   kürzesten

die Schule ver_____sen   _____

durch die Hin_____tür gehen   _____

runde Kohl_____fe sehen   _____

über Bretter klet_____   _____

durchs Ge_____kriechen   _____

die Straße ü_____queren   _____

vor_____tig sein   _____

Zu Jo-Jo-Lesebuch 2, Kapitel 1, Seite 16/17:
Wörter genau lesen und mit passenden Abbildungen verbinden,
Silben in Wörtern ergänzen, Wörter schreiben

7

Sätze immer besser lesen

(1) In jedem Satz ist ein Wort zu viel.
Streiche es durch.

Kim rennt ~~schreibt~~ über den Bolzplatz.

Dann grau geht sie die Treppe hinauf.

Sie rechnet kriecht durch die Büsche.

Sie klettert schläft über einen Zaun.

Nun überquert überfliegt Kim eine Straße.

Sie springt strampelt über die Wippe.

Über einen Ast Bus stolpert sie fast.

Sie schwebt klettert über eine Hundehütte.

Dann schwimmt kommt sie nach Hause.

Die Mutter wartet spielt schon auf sie.

(2) Lies den Text nun mehrmals laut.
Danach kannst du ihn auch jemandem vorlesen.

(3) Kreuze an. Schreibe in die Lücken.

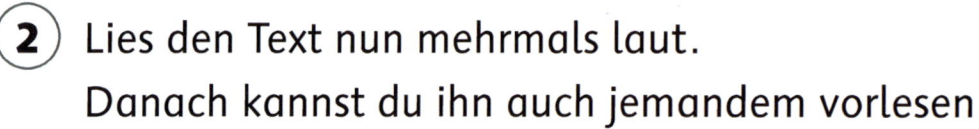

☐ Ich habe den Text _____ Mal allein gelesen.

☐ Ich habe den Text vorgelesen. Zuhörer: _____

So gut kann ich den Text nun lesen: ☐ 🟢 ☐ 🟡 ☐ 🔴

Zu Jo-Jo-Lesebuch 2, Kapitel 1, Seite 16/17:
Stolperwörter in Sätzen finden, Sätze lesen üben, das Lesen dokumentieren
und einschätzen

So geht Leo nach Hause

(1) Lies den Text.

(2) Nummeriere die Bilder zu den Texten.

1 Die Schule ist aus!
Zuerst geht Leo über den Parkplatz.
Bei Grün überquert er die Straße.

2 Auf dem kürzesten Weg
muss Leo durch einen Garten.
Er läuft an den Beeten vorbei.

3 Der Weg geht weiter
zwischen grünen Büschen.
Sie duften gut!

4 Da ist ein kleiner Zaun!
Leo springt schnell hinüber.
Er will keine Zeit verlieren!

5 Jetzt muss er noch über die Straße
und über den Spielplatz.
Endlich ist er zu Hause.

(3) Lies im **Jo-Jo-Lesebuch** die Seiten 16 und 17.

Herbstwind

1 Lies die Wörter.
Verbinde sie mit den Bildern.

Gespenst   Hexe   Zauberer   Kinder

Süßigkeiten   Nebel   Kürbis

2 Zwei Sätze stimmen. Kreuze an.

☐ Gespenster fassen Nebel.

☐ Gespenster passen zu Nudeln.

☐ Gespenster passen zu Nebel.

☐ Kürbisse leuchten hell in der Macht.

☐ Kürbisse leuchten hell in der Nacht.

☐ Gebisse verscheuchen die Nacht.

Vorbereitend zu Jo-Jo-Lesebuch 2, Kapitel 2, Seite 28:
gestaltete Wörter lesen und mit passenden Bildern verbinden, Sätze genau lesen

Gruselige Wörter

(1) Welche Wörter passen zu Halloween?
Kreise sie ein. Tipp: Es sind 20 Wörter.

Monster   Geist   zittern   heulen   Hase   gruseln

Sonne   gespenstisch   Hexe   Gerippe   Vampir

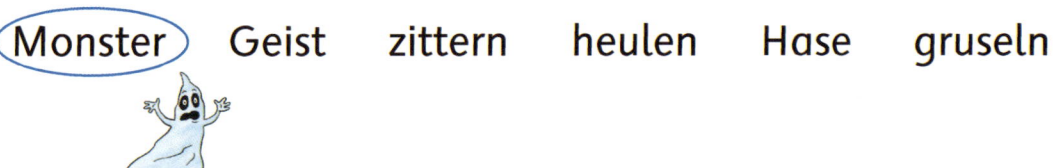

Apfelbaum   Mitternacht   Blume   Totenkopf

Streich   Nebel   Spinne   giftgrün   Sonnenblume

blutrot   Herbst   verkleiden   schwarz   Süßigkeiten

(2) Lies die Reime. Unterstreiche die Wörter, die es wirklich gibt.
Tipp: Es sind 6 Wörter.

→ Flagel   <u>Nagel</u>   Sagel   Vagel
→ zausig   grausig   rausig   schausig
→ gutzen   lutzen   schutzen   putzen
→ Golz   Holz   Schnolz   Wolz
→ Flügel   Rügel   Nügel   Zügel

(3) Lies die Reimwörter von Aufgabe 2
möglichst schaurig einem Partnerkind vor.

(4) Lies im **Jo-Jo-Lesebuch** die Seite 28.

Vorbereitend zu Jo-Jo-Lesebuch 2, Kapitel 2, Seite 28:
Wörter genau lesen, Reimwörter erkennen und inhaltlich überprüfen,
gestaltend vorlesen

11

Sankt Martin

1 Verbinde die Bilder mit den Silben.

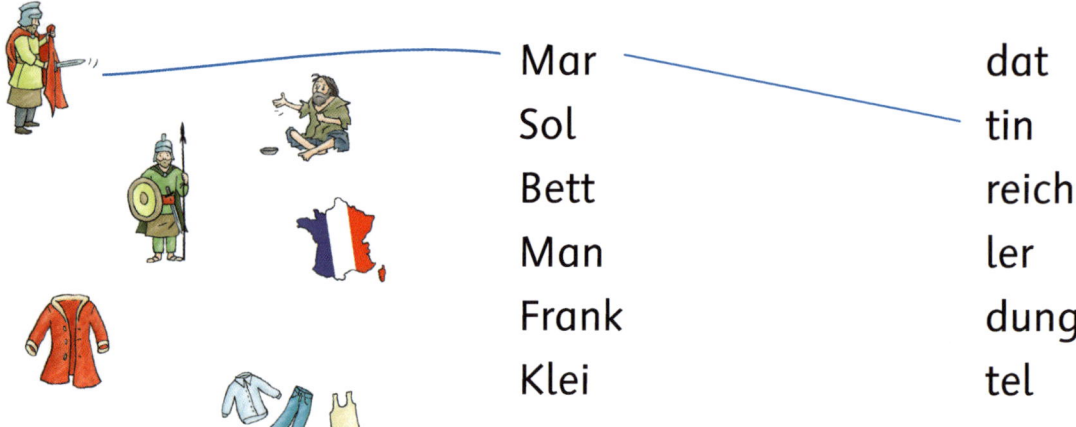

Mar	dat
Sol	tin
Bett	reich
Man	ler
Frank	dung
Klei	tel

2 Lies und verbinde.

Martin lebte	ein Soldat.
Er war	in Frankreich.
An einem Wintertag	ein Bettler.
Am Tor saß	ritt er durch ein Tor.
Der Bettler	seinen Mantel.
Martin teilte	dem zitternden Bettler.
Eine Hälfte gab er	hatte keine Kleidung.

3 Lies den Text von oben nun mehrmals laut.
Danach kannst du ihn auch jemandem vorlesen.

4 Kreuze an. Schreibe in die Lücken.

☐ Ich habe den Text _____ Mal allein gelesen.

☐ Ich habe den Text vorgelesen. Zuhörer: _____

So gut kann ich den Text nun lesen: ☐ 🟢 ☐ 🟡 ☐ 🔴

Vorbereitend zu Jo-Jo-Lesebuch 2, Kapitel 2, Seite 29:
Silben/Wörter mit Bildern verbinden, Halbsätze zu Sätzen verbinden, wiederholtes Lesen,
Selbsteinschätzung

Wer war Sankt Martin?

1 Lies den Text mehrmals. Du kannst ihn auch vorlesen.

Martin war ein Mann,

der oft anderen Menschen half.

Es war vor langer Zeit im Winter.

Der Soldat Martin ritt durch ein Tor.

Da saß ein armer Bettler.

Er hatte keine warme Kleidung.

Er zitterte und schnatterte vor Kälte.

Martin hatte weder Geld noch Essen.

Er teilte aber seinen Mantel in zwei Teile.

So rettete Martin den armen Bettler.

2 Kreuze an. Schreibe in die Lücken.

☐ Ich habe den Text _____ Mal allein gelesen.

☐ Ich habe den Text vorgelesen. Zuhörer: [____]

So gut kann ich den Text nun lesen: ☐ 🟢 ☐ 🟠 ☐ 🔴

3 Markiere die folgenden Bausteine im Text. Zähle sie.

ett: [ ] Mal   itt: [ ] Mal   att: [ ] Mal

4 Lies im **Jo-Jo-Lesebuch** auf Seite 29
den Text: Wer war Sankt Martin?

Vorbereitend zu Jo-Jo-Lesebuch 2, Kapitel 2, Seite 29:
einen Text mehrmals immer besser lesen, Signalgruppen im Text erkennen,
Selbsteinschätzung

13

Martin will nicht Bischof werden

1 Schau genau und kreise im unteren Bild die Fehler ein.
Tipp: Es sind insgesamt 12 Fehler.

2 Lies und verbinde.

Ein Umzug mit Laternen ist ein	Nächstenliebe.
Liebe zu den Nächsten ist	Laternenumzug.
Ein Stall für Gänse heißt	Martinslieder.
Wer gern hilft, ist	Gänsestall.
Lieder an Sankt Martin sind	hilfsbereit.

Vorbereitend zu Jo-Jo-Lesebuch 2, Kapitel 2, Seite 29:
Blickschulung: genau hinschauen und vergleichen, Satzhälften passend verbinden

Warum gibt es Laternenumzüge?

(1) Lies von oben nach unten.

Gänse

Gänsestall

Gänsestalltür

Gänse

Gänsegatter

Gänsegattertor

Hilfe

hilfsbereit

Hilfsbereitschaft

Laternen

Laternenumzug

Laternenumzüge

(2) Lies den Text mehrmals laut. Du kannst ihn auch vorlesen.

Martin war hilfsbereit und im ganzen Land bekannt.
Die Menschen wollten ihn zu ihrem Bischof machen.
Doch Martin versteckte sich in einem Gänsestall.
Die Gänse schnatterten aber laut.
Deshalb fanden die Menschen Martin
und er wurde doch noch Bischof.
An einem 11. November wurde Martin begraben.
Deshalb gibt es bei uns Umzüge und wir denken an ihn.

(3) Kreuze an. Schreibe in die Lücken.

☐ Ich habe den Text _____ Mal allein gelesen.

☐ Ich habe den Text vorgelesen. Zuhörer:

So gut kann ich den Text nun lesen: ☐ 🟢 ☐ 🟠 ☐ 🔴

(4) Lies im **Jo-Jo-Lesebuch** auf Seite 29 den Text:

Warum gibt es Laternenumzüge?

Vorbereitend zu Jo-Jo-Lesebuch 2, Kapitel 2, Seite 29:
lange Wörter und einen Text immer besser lesen, Selbsteinschätzung

15

Tieren auf der Spur

1 Schreibe die Namen der Tiere auf.

2 Verbinde die Namen und Bilder.

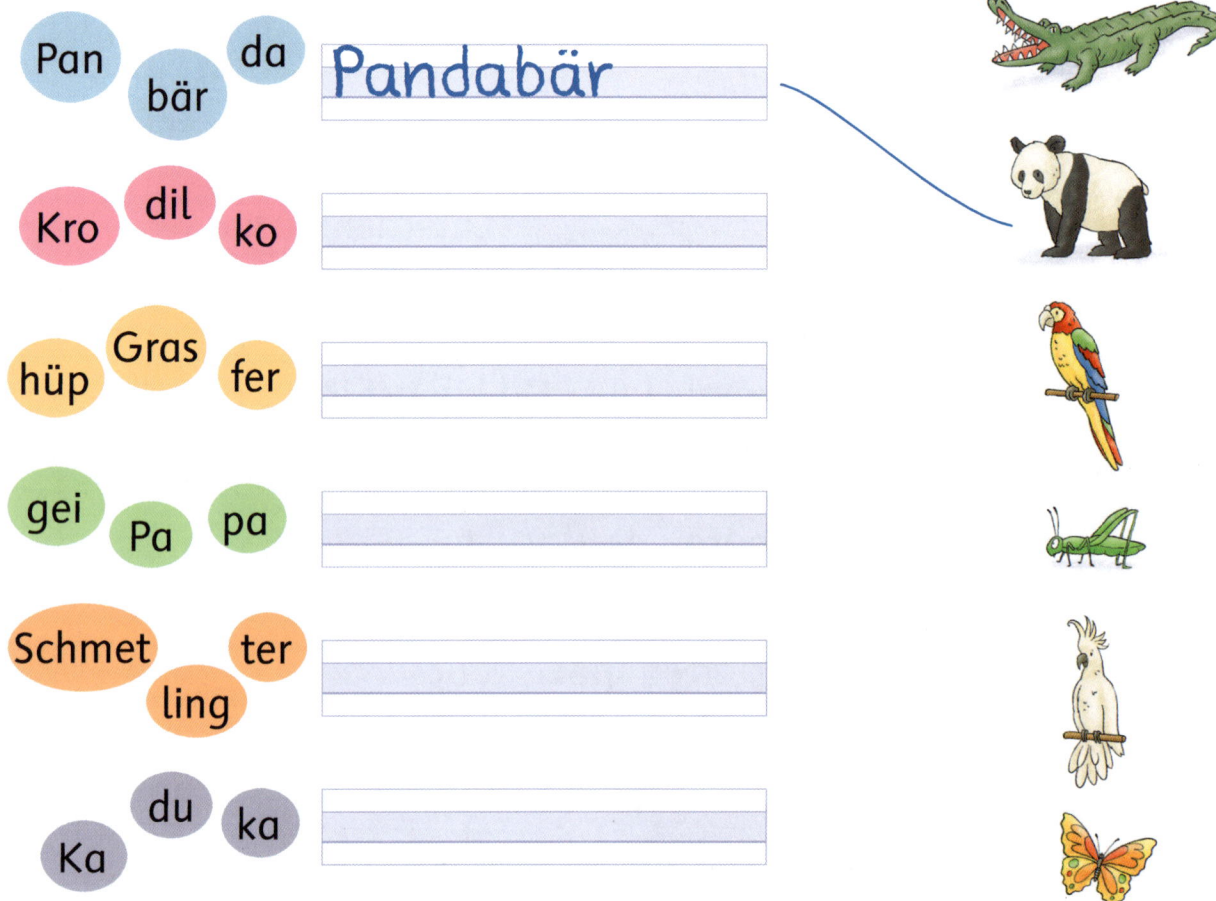

Pan · bär · da → **Pandabär**

Kro · dil · ko

hüp · Gras · fer

gei · Pa · pa

Schmet · ter · ling

Ka · du · ka

3 Trenne die Wörter mit Strichen. Schreibe sie auf.

kuscheln|schleichenflatternhacken

maunzenknurrenbellenschnattern

kuscheln,

Zu Jo-Jo-Lesebuch 2, Kapitel 3, Seite 40:
Tiernamen reorganisieren und aufschreiben, Verben erkennen und aufschreiben

Lauter seltsame Tiere

1 Welches Tier gibt es wirklich?
Unterstreiche in jeder Zeile das richtige Tier.

Papagu • Kakadei • Geipaka • <u>Papagei</u>

Panguin • Penguin • Pinguin • Pungain

Alifant • Elefunt • Elifant • Elefant

Kokodu • Kakadu • Kakidu • Kakadi

Gariffe • Garuffe • Giraffe • Giriffe

Känguri • Kängiru • Känguru • Kingara

2 Lies und füge das fehlende Wort mit den Augen ein.

Herr Kakadu ____ Papagei

die stritten ____ um u und ei

sie hackten sich ____ packten sich

und ____ und schnatterten.

Am Ende ____ sie abgehetzt

und beide ____ tief entsetzt

das u das ____ sich zum o

das ei war ____ als ein au

in Zukunft ____ Herr Kakado

sich nie mehr ____ Herrn Papagau

Jan Koneffke

Herr

sich

und

flatterten

waren

schauten

beulte

platter

stritt

mit

Wörter lesen und ergänzen

1 Lies die Wörter. Kreise die passenden Tiere ein.

Meerschweinchen

Kaninchen

Schlange

Schimpanse

Schildkröte

2 Kreise die richtige Silbe ein und ergänze.

Schmu _se_ hunde   so / se / sa

Lieb_____stelle   langs / lengs / lings

Strei_____hand   chel / chal / chul

Näh_____schine   mi / mu / ma

Meer_____chen   schein / schwan / schwein

3 Was können Tiere alles tun? Kreise ein.

bellen   wiehern   quaken   blühen   grunzen

quieken   fressen   rechnen   krähen   brüllen

muhen   blöken   lesen   kochen   gackern

Zu Jo-Jo-Lesebuch 2, Kapitel 3, Seite 44:
Wörter rekonstruieren und passendes Bild zuordnen, passende Silbe in Wörtern ergänzen,
Verben lesen und inhaltlich erfassen

„Bitte streicheln!"

(1) Lies genau.

Male in jeden Rahmen das Tier, um das es geht.

Es gibt Tiere, die gern schmusen.
Das sind echte Schmusetiere.
Sie haben es gern,
dass du sie streichelst.
Sie wedeln mit dem Schwanz
und legen sich
sogar auf den Rücken.

Es gibt noch andere Tiere,
die manchmal gern gestreichelt werden.
Sie schnurren, miauen und maunzen.
Kennst du diese Tiere?
Viele Menschen halten sie im Haus.
Sie sind aber auch gern draußen.

(2) Lies den Text nun mehrmals laut.

(3) Kreuze an. Schreibe in die Lücken.

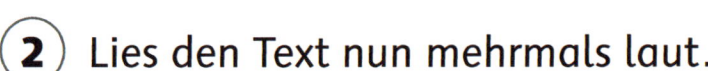

◻ Ich habe den Text _____ Mal allein gelesen.

◻ Ich habe den Text vorgelesen. Zuhörer: _____

So gut kann ich den Text nun lesen: ◻ 🟢 ◻ 🟠 ◻ 🔴

(4) Lies im **Jo-Jo-Lesebuch** die Seiten 40 und 44.

Fantasie-Gestalten

1 Was weißt du schon über Ritter? Notiere Stichwörter.

2 Zeichne Silbenbögen ein.
Übermale gelb, was zu einem Ritter gehört.

Lanze   Rost   Schwert   Rüstung   Helm

Pferd   Wappen   Staub   Spinnweben   Brille

3 Hier siehst du Don Quichotte. Er wollte gern ein Ritter sein.
Lies den Text und ergänze die Wörter.

Wappen   Helm   Schild   Pferd   Lanze   ~~Rüstung~~

Er trägt eine rostige **Rüstung**.

Sein _____ ist aus Holz.

Er hat keinen richtigen _____,

nur einen Hut. Ein _____

sieht man nicht. Auch eine

_____ fehlt. Sein _____

ist schon alt und klapprig.

Vorbereitend zu Jo-Jo-Lesebuch 2, Kapitel 4, Seite 53:
Vorwissen aktivieren; Wörter lesen, Silbenbögen einzeichnen; übermalen,
was zu einem Ritter gehört; Wörter in einen Lückentext einsetzen

Ein seltsamer Ritter

1 Lies den Text.

Don Quichotte war ein spanischer Edelmann.
Er wollte gern ein Ritter sein,
mit Rüstung, Lanze, Schild und Schwert.
Dabei gab es damals keine Ritter mehr.
Doch er schlug mit der Faust auf den Tisch:
„Ich bin ein Ritter!" Don Quichotte
wollte gegen seine Feinde kämpfen
und den Schwachen helfen.
Er holte die Rüstung seines Urgroßvaters.
Sie war schon ganz rostig.
Don Quichotte kratzte Staub, Rost und Spinnweben ab.
Danach holte er sein altes Pferd aus dem Stall …

2 Suche diese Wörter im Text. Kreise sie ein.

Ritter   Rüstung   Pferd   Lanze   Schild   Schwert

3 Lies den Text nun mehrmals laut.
Danach kannst du ihn auch jemandem vorlesen.

4 Kreuze an. Schreibe in die Lücken.

Ich habe den Text _____ Mal allein gelesen.

Ich habe den Text vorgelesen. Zuhörer:

So gut kann ich den Text nun lesen: 🟢 🟠 🔴

5 Lies im **Jo-Jo-Lesebuch** die Seite 53 über Don Quichotte.

Vorbereitend zu Jo-Jo-Lesebuch 2, Kapitel 4, Seite 53:
einen Text mehrmals genau lesen, Signalwörter erkennen, Selbsteinschätzung

21

Die Hexen auf dem Blocksberg

1 Wohin fliegen die Hexen? Folge jeder Linie mit den Augen.
Zeichne danach die Linien mit verschiedenen Farben nach.

2 Lies die Wörter. Übermale in allen Wörtern x.

Abraxas	Hexe	Taxi	Lexikon	Mixer	Boxer
Zauberstab	Max	Nixe	Hut	Text	
Besen	Text	Wind	Axt	Lexikon	Feuer

3 Schreibe die fünf Wörter ohne x auf.

4 Lies die Wörter von oben nach unten.
Zeichne Silbenbögen ein.

Wetter

Wetterhexe

Wetterhexenbesen

Wetterhexenbesenstiel

Ober

Oberhexe

Oberhexenhaus

Oberhexenhaustür

22

Alles wie verhext!

1 Lies genau. Kreuze die richtigen Sätze an.

☐ Die Waldhexe klebt seit langer Zeit im Schrank.
☒ Die Waldhexe lebt seit langer Zeit im Wald.

☐ Alle Hexen tanzen mit flatternden Röcken.
☐ Alle Hexen pflanzen mit flatternden Socken.

☐ Die Hexen fliegen mit dem Zwerg.
☐ Die Hexen fliegen auf den Berg.

☐ Am Hexenfeuer ist es weiß.
☐ Am Hexenfeuer ist es heiß.

☐ Die Haare fliegen auf dem Rasen.
☐ Die Hexen fliegen auf dem Besen.

2 Unterstreiche in den Satzpaaren alle Wörter,
die sich unterscheiden.

3 Verbinde passend.

Die Berghexe wohnt   mit vielen Kräutern.

Die Kräuterhexe zaubert   gutes Wetter hexen.

Die Wetterhexe kann   auf einem Berg.

Die Sumpfhexe lebt   Kekse zu knuspern.

Die Knusperhexe liebt es,   im tiefen Sumpf.

4 Lies im **Jo-Jo-Lesebuch** die Seiten 54/55 über die kleine Hexe.

Vorbereitend zu Jo-Jo-Lesebuch 2, Kapitel 4, Seite 54/55:
Sätze genau lesen, Unterschiede in Sätzen erkennen, Satzhälften sinnvoll verbinden

23

Winterkälte

1 Was reimt sich? Kreuze an.

Haus	raus	☒	Stern	Kern	☐
Nüsse	Küsse	☐	Teller	Fell	☐
Tee	Tür	☐	Mantel	Tante	☐
Maus	Lars	☐	Rute	Schnute	☐
Kind	Wind	☐	Mütze	Pfütze	☐

2 Finde die Reime. Kreise ein und ergänze.

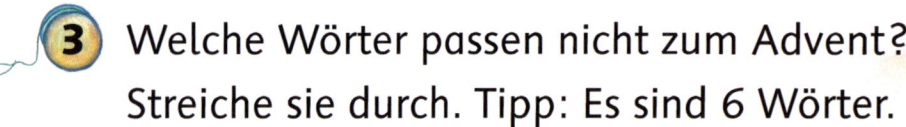

Tisch	*Fisch*	Mist	(Fisch)	Milch
Baum		Brause	Daumen	Schaum
Kind		Wind	Wand	Bild
Buch		Kuchen	Tuch	Schule
Hase		Hose	Vase	Nagel

3 Welche Wörter passen nicht zum Advent?
Streiche sie durch. Tipp: Es sind 6 Wörter.

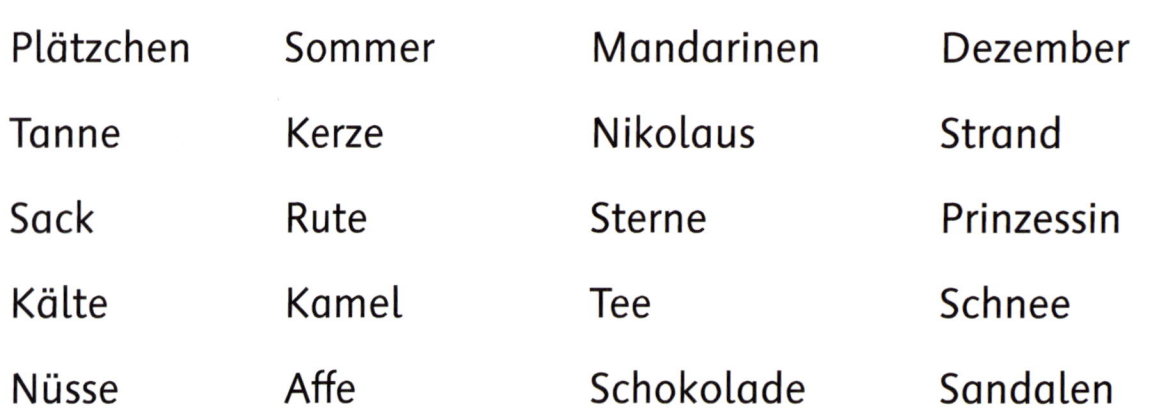

Plätzchen	Sommer	Mandarinen	Dezember
Tanne	Kerze	Nikolaus	Strand
Sack	Rute	Sterne	Prinzessin
Kälte	Kamel	Tee	Schnee
Nüsse	Affe	Schokolade	Sandalen

Vorbereitend zu Jo-Jo-Lesebuch 2, Kapitel 5, Seite 62/63:
Reime finden und aufschreiben, Wörter genau lesen und inhaltlich nicht passende
Wörter streichen

Reime und ein Lesetipp

(1) Welches Wort fehlt?
Male den passenden Stern aus. Ergänze.

„Lieber, guter Nikolaus,

du bist jetzt bei mir zu **Haus**,

bitte leer die Taschen aus,

dann lass ich dich wieder _____."

„Liebes, gutes, braves Kind,

draußen geht ein kalter _____,

koch mir einen Tee geschwind,

dass ich gut nach Hause _____."

Alfons Schweiggert

Haus Laus Maus raus Rind Wind find sind

Texte besser verstehen

Tipp: Unbekannte Wörter klären

Manchmal verstehst du ein Wort nicht. Das kannst du tun:

- Lies das Wort noch einmal genau.
- Lies den Satz oder den Abschnitt noch einmal.
- Achte auf Bilder zum Text.
- Frage jemanden.
- Schau im Wörterbuch oder Lexikon nach.

geschwind

(2) Lies den Satz. Schau dir das Bild an. Ergänze.

Lina läuft **geschwind** nach Hause.

Das Wort **geschwind** bedeutet _____.

Vorbereitend zu Jo-Jo-Lesebuch 2, Kapitel 5, Seite 62/63:
Reimwörter finden und einsetzen, Strategie „Unbekannte Wörter klären" kennen lernen
und nutzen

25

Lecker!

1 Lies von oben nach unten.
Schwinge die Silben. Zähle sie.

Erd	**1**	Scho	
Erdbeere		Schoko	
Erdbeeren		Sckokolade	
Erdbeereis		Schokoladen	
Erdbeerbecher		Schokoladenpudding	

2 Ergänze die Silben.

Ket   ~~bee~~   ding   mes   chen   Würst   Es   la

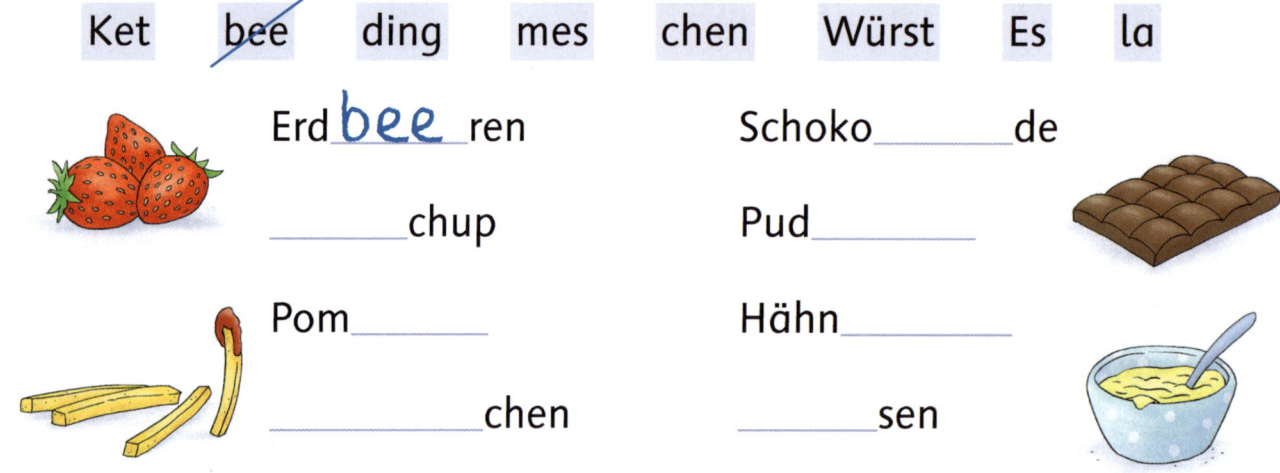

Erd *bee* ren   Schoko_____de

_____chup   Pud_____

Pom_____   Hähn_____

_____chen   _____sen

3 Lies genau. Kreise ein, was man essen kann.
Tipp: Es sind sieben Wörter.

Erdteile ◆ Erdreiche ◆ Erdbeeren ◆ Erdnüsse

Häuschen ◆ Hähnchen ◆ Händchen ◆ Hühnchen

Würstchen ◆ Wäldchen ◆ Waffeln ◆ Mützchen

Bommel ◆ Trommel ◆ Poster ◆ Pommes

Vorbereitend zu Jo-Jo-Lesebuch 2, Kapitel 5, Seite 68/69:
Silben als Strukturierungshilfe nutzen, Wörter genau lesen und den Sinn erfassen

Mit verteilten Rollen lesen: Ulli ist krank

(1) Lest den Text mit verteilten Rollen. Übt mehrmals.

Erzähler:	Ulli liegt schon seit vier Tagen im Bett. Er ist krank. Die Mutter sitzt ganz oft an seinem Bett.
Mutter:	Was wünschst du dir heute zum Essen?
Ulli:	Gar nichts, ich hab keinen Hunger.
Ulrike:	Ich mag Pommes mit Hähnchen.
Mutter:	Erstmal sehen, was Ulli mag. Er ist schließlich krank. Soll ich Pommes mit Hähnchen machen, Ulli?
Ulli:	Mag ich nicht.
Mutter:	Oder Würstchen mit Ketchup?
Ulli:	Mag ich auch nicht.
Mutter:	Vielleicht Schokoladenpudding?
Ulli:	Ja gut, aber mit Erdbeeren.
Ulrike:	Erdbeeren passen doch nicht zu Schokoladenpudding.
Mutter:	Egal, wenn Ulli das mag.

nach KNISTER und Paul Maar

(2) Kreuze an. Schreibe in die Lücken.

☐ Wir haben den Text _____ Mal gelesen.

☐ Ich habe die Rolle von _____ gelesen.

So gut kann ich meine Rolle nun lesen: ☐ 🟢 ☐ 🟠 ☐ 🔴

(3) Spielt die Szene. Wie könnte es weitergehen?

(4) Lies im **Jo-Jo-Lesebuch** die Seiten 62/63 und 68/69.

Zeit vergeht

1 Kennst du das Lied Die Reise der Sonne?
Zeichne Silbenbögen unter den Text der ersten Strophe.
Tipp: Es hilft dir, wenn du das Lied dabei leise singst.

Wenn die Sonne ihre Strahlen

morgens durch das Fenster schießt,

dass sie deine Nase kitzelt,

bis du, halb im Schlaf noch, niest,

hat sie eine lange Reise

stets schon hinter sich gebracht,

die beginnt, wenn du noch schlummerst,

fern im Osten und bei Nacht.

Text: Eva Bartoschek-Rechlin

2 Lies und füge das fehlende Wort mit den Augen ein.

Liegst du noch in schönsten Träumen,
geht die Sonne langsam _____.   auf
Über Asien und Australien
nimmt sie immer ihren _____.   Lauf
Länder, die im Osten liegen,
hat sie alle schon _____   gesehn
und kann endlich dann zum Frühstück
hier bei uns am Himmel _____.   stehn

Text: Werner Rizzi

Zu Jo-Jo-Lesebuch 2, Kapitel 6, Seite 76:
Silbenbögen in den Text einer Liedstrophe einzeichnen, weitere Strophe lesen
(Blickschulung)

Unbekannte Wörter klären

1 Ordne den Wörtern die passende Erklärung zu.
Tipp: Schau in einem Lexikon nach,
wenn du unsicher bist.

New York   westwärts   Shanghai   vollendet

~~Osten~~   Australien   schlummern

dort geht die Sonne auf   Osten

in Richtung Westen

ein anderes Wort für schlafen

das ist ein Kontinent

eine große Stadt in Amerika

ein anderes Wort für fertig

eine große Stadt in China

2 Lies im **Jo-Jo-Lesebuch** die Seite 76.

3 Suche dir eine Strophe im Lesebuch aus.
Wie oft musst du sie lesen, bis du sie auswendig kannst?
Zeichne dazu Striche in die Tabelle.

Strophe 1	Strophe 2	Strophe 3

Zu Jo-Jo-Lesebuch 2, Kapitel 6, Seite 76:
Wörtern die richtige Bedeutung zuordnen, wiederholtes Lesen zum Verbessern
der Lesetechnik

29

Was zwischen Morgen und Abend passiert

1 Was könnte zwischen Morgen und Abend passieren?
Schreibe Sätze zu den Bildern.

Zu Jo-Jo-Lesebuch 2, Kapitel 6, Seite 77:
zu Bildern antizipieren, Sätze schreiben

Was zwischen Morgen und Abend passiert

1 Lies Zeile für Zeile.

2 Lies alles nochmals. Zeichne Silbenbögen ein.

Se	Ka	Tan
Sekun	Kanin	Tannen
Sekunden	Kaninchen	Tannenwald

Au	wahn	Zahn
Augen	wahnsin	Zahnbürs
Augenblick	wahnsinnig	Zahnbürste

Re	Kla	mi
Regen	Klavier	mise
Regenbo	Klaviertas	misera
Regenbogen	Klaviertasten	miserabel

3 Kreise die roten Wörter aus Aufgabe 1 im Kasten ein.
Markiere das Wort, das doppelt vorkommt.

Junge Kaninchen wahnsinnig Tannenwald atmen
wiederkommen Spielplatz miserabel Großmutter
allein ärgern Zahnbürste Mama Zahnarzt traurig
Regenbogen Augenblick Bleistift Mensch Regenbogen
kurz Arbeit Luft Haus Klaviertasten Sekunden

4 Lies im **Jo-Jo-Lesebuch** die Seite 77.

Das bin ich

1 Ein Kind sagt: **„Ich hab zwei Haustüren."**
Was könnte es meinen? Sprich mit einem Partnerkind.

2 Schau dir mit deinem Partnerkind die Bilder an.
Was seht ihr alles? Was fällt euch auf?

HALLO!
HIER IST MAMA!

HALLO!
HIER IST PAPA!

Vorbereitend zu Jo-Jo-Lesebuch 2, Kapitel 7, Seite 87:
Vermutungen zu einer Überschrift und zu Bildern anstellen

Wer wohnt wo?

(1) Lies den Text. Er erklärt die Bilder von Seite 32.

Ich hab zwei Haustüren

Ich heiße Anna.
Ich bin bei Mama und Papa zu Hause.
Ich habe zwei Haustüren.

Ich habe auch zwei Lieblingsplätze:
Einen Schaukelstuhl bei Papa.
Und einen Kuschelsessel bei Mama.

Ich habe zwei Kinderzimmer.
Und ich habe viele Freunde.
Mit den einen spiele ich, wenn ich
bei Papa bin. Und mit den anderen
spiele ich, wenn ich bei Mama wohne.

Und ich habe zwei Küchen.
Mit Papa mache ich Essen.
Und Mama helfe ich beim Backen.

Claire Masurel

(2) Stimmen deine Vermutungen zu Seite 32? Kreuze an.

[ ] ja   [ ] nein

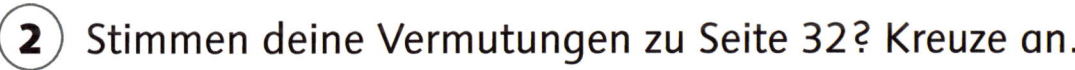

(3) Unterstreiche blau, was Anna bei Papa hat und macht.
Unterstreiche rot, was Anna bei Mama hat und macht.

(4) Wo wohnt Mama, wo wohnt Papa?
Beschrifte die Häuser auf Seite 32.

Vorbereitend zu Jo-Jo-Lesebuch 2, Kapitel 7, Seite 87:
genau und sinnentnehmend lesen, Vermutungen zu einer Überschrift und zu Bildern
überprüfen

33

Eine Tabelle lesen

(1) Lies den Text und die Tabelle.

Familie Heine, das sind Mama, Papa, Lisa und Anton.
Mama und Papa arbeiten, Lisa und Anton gehen in die Schule.
Zu Hause müssen alle mithelfen.

	saugen	spülen	kochen	abtrocknen	aufräumen
Mama	X	X	X		X
Papa	X	X	X		X
Lisa	X			X	X
Anton		X		X	X

(2) Ergänze die Lücken.

Wie oft muss Lisa helfen? ☐ Mal

Wie oft muss Anton helfen? ☐ Mal

Wie oft muss Mama helfen? ☐ Mal

Wie oft muss Papa helfen? ☐ Mal

(3) Wer macht was? Schreibe auf.

Lisa:

Anton:

Mama:

Papa:

Zu Jo-Jo-Lesebuch 2, Kapitel 7, Seite 91:
einem diskontinuierlichen Text (Tabelle) Informationen entnehmen

Informationen zuordnen

(1) Lies den Text.

Heute ist Mittwoch. Mama hat gesaugt und aufgeräumt.
Jetzt kommt Papa von der Arbeit und muss kochen.
Dann kommen Tim und Max aus der Schule.
Sie müssen immer die Spülmaschine ausräumen.
Nach den Hausaufgaben spielen sie gern Lego.
Danach müssen sie ihr Zimmer aufräumen.
Papa bringt abends die Mülltonne raus.

(2) Wer macht was? Kreuze an.

	saugen	aufräumen	kochen	Spülmaschine ausräumen	Mülltonne rausbringen
Mama	X				
Papa					
Tim					
Max					

(3) Was stimmt? Lies genau und kreuze an.

	ja	nein
Tim und Max spielen gern Lego.	X	
Papa bringt morgens die Mülltonne raus.		
Mama hat aufgeräumt und gesaugt.		
Tim und Max haben Ferien.		
Die Kinder müssen putzen.		
Sie räumen die Spülmaschine ein.		
Papa muss nach der Arbeit kochen.		

Zu Jo-Jo-Lesebuch 2, Kapitel 7, Seite 90/91:
genau lesen, einem Text Informationen entnehmen und diese tabellarisch zuordnen

35

Freizeit

1 Suche die genannten Dinge im Bild. Verbinde.

Schwimmflügel

Badehose

Wasserrutsche

Badeanzug

Wasserball

Taucherbrille

Sonnenschirm

Liegewiese

2 Pippi Langstrumpf nennt sich selbst **Sachensucher**.
Was könnte sie in ihrer Straße alles finden? Kreise ein.
Tipp: Es sind insgesamt 9 Wörter.

Burgmauer	Kirchturmspitze	Armbanduhr
Geldmünze	Eisbären	Osterhasen
Vogelfedern	Schraubenmuttern	Handschuh
Einkaufszettel	Haargummi	Affenkäfig
Winterurlaub	Segelschiff	Blusenknöpfe
Wasserrutsche	Eintrittskarte	Kleiderschrank
Zoodirektor	Flughafen	Ritterrüstung

Vorbereitend zu Jo-Jo-Lesebuch 2, Kapitel 8, Seite 100:
längere Wörter genau lesen und ihren Sinn erfassen

Das Sachensucher-Spiel

1 Lies den Text.

Pippi Langstrumpf spielt gern Sachensucher.
Dieses Spiel kann man überall spielen.
Man muss nur die Augen aufmachen.
Dann kann man vieles entdecken:
ein buntes Schneckenhaus, eine leere Flasche,
eine Eintrittskarte für das Freibad,
ein Geldstück im Gras, eine schöne Feder,
eine rostige Schraube, einen lustigen Stoffhund ...
Als Sachensucher sollte man sich Zeit lassen.
Wenn man langsam durch die Gegend bummelt,
kann man viel mehr sehen.
Also: Los geht es!

2 Welche beiden Fundstücke aus dem Text
sind nicht auf der Seite abgebildet?
Unterstreiche die beiden Wörter im Text.

3 Lies den Text von Aufgabe 1 nun mehrmals laut.

4 Kreuze an. Schreibe in die Lücken.

☐ Ich habe den Text _____ Mal allein gelesen.

☐ Ich habe den Text vorgelesen. Zuhörer: _____

So gut kann ich den Text nun lesen: ☐ 🟢 ☐ 🟠 ☐ 🔴

5 Lies im **Jo-Jo-Lesebuch** die Seite 100.

Ich habe viel zu tun

1 Decke mit einem Blatt ab. Lies Zeile für Zeile.
Tipp: Gehe eine Zeile zurück, wenn du dich verlesen hast.

Immer dienstags
Immer dienstags muss ich
Immer dienstags muss ich mich sehr
Immer dienstags muss ich mich sehr beeilen.
Denn ich muss
Denn ich muss zum Judo
Denn ich muss zum Judo und zur Klavierstunde.
Mein Klavierlehrer
Mein Klavierlehrer ist
Mein Klavierlehrer ist sauer,
Mein Klavierlehrer ist sauer, wenn ich zu spät komme.
Aber wenn ich
Aber wenn ich extra schön
Aber wenn ich extra schön für ihn spiele,
Aber wenn ich extra schön für ihn spiele, ist er zufrieden.

2 Kreuze an, was stimmt.
Tipp: Es sind 3 Sätze.

☐ Immer dienstags muss das Kind sich sehr beeilen.
☐ Es muss schon um zwei beim Klavierlehrer sein.
☐ Der Klavierlehrer muss um zwei Uhr zum Judo.
☐ Das Kind kommt manchmal zu spät zum Klavierunterricht.
☐ Wenn es schön Klavier spielt, ist der Klavierlehrer zufrieden.

Vorbereitend zu Jo-Jo-Lesebuch 2, Kapitel 8, Seite 102/103:
Sätze aufbauend lesen und ihren Sinn erfassen, zutreffende Sätze ankreuzen

Schwierige Wörter und Stellen mehrmals lesen

(1) Lies die Wörter mehrmals.
Sprich dabei wie ein Roboter und betone die Silben.

Schulaufgaben ◆ eigentlich ◆ Mittagessen ◆ Klavierlehrer

zufrieden ◆ Noten ◆ gepackt ◆ Notentasche ◆ geschimpft

Computer ◆ Abendessen ◆ füttern ◆ Hausaufgaben

(2) Zeichne Silbenbögen ein.

(3) Lies diese langen Sätze Zeile für Zeile.
Wiederhole jede Zeile mehrmals.

Und ich habe meine Noten gepackt
und musste zur Oma,
weil die gesagt hat,
ich kriege bei ihr nur Kuchen,
wenn ich nicht nach fünf klingele,
weil dann die Frau Schönlebe kommt.
Und als ich kam,
war die Frau Schönlebe schon da.
Meine Oma hat mir dann
den Kuchen eingepackt.

Jan Weiler

(4) Lies den Text von Aufgabe 3 noch einmal ganz.

(5) Lies im **Jo-Jo-Lesebuch** auf den Seiten 102 und 103
den Text: Ich habe viel zu tun.
Tipp: Lies jeden Satz mehrmals.

Vorbereitend zu Jo-Jo-Lesebuch 2, Kapitel 8, Seite 102/103:
schwierigere Wörter silbisch lesen und Silbenbögen einzeichnen, schwierige Textstellen
wiederholt lesen

39

Frühlingsduft

1 Was weißt du über den Frühling?
Lies genau und kreuze an.

Im Frühling sind die Äpfel reif.	☐ ja	☒ nein
Der Löwenzahn hat rote Blüten.	☐ ja	☐ nein
Zuerst blühen die Schneeglöckchen.	☐ ja	☐ nein
Der Frühling beginnt im Februar.	☐ ja	☐ nein
Nach dem Frühling kommt der Sommer.	☐ ja	☐ nein
Im Frühling bauen die Vögel Nester.	☐ ja	☐ nein

2 Lies genau. Streiche in jedem Satz ein Stolperwort.

Viele Menschen lieben ~~ärgern~~ besonders den Frühling.
Der Frühling umfasst die Monate Tafel März, April und Mai.
Wann er anfängt, hängt nicht vom Lehrer Wetter ab.
Du kannst den genauen Tag im Schrank Kalender finden.
Der Beginn ist immer der 21. oder 22. Dezember März.
Von da an scheint die Wäsche Sonne jeden Tag länger.

3 Lies den Text von Aufgabe 2 nun mehrmals laut.

4 Kreuze an. Schreibe in die Lücken.

☐ Ich habe den Text _____ Mal allein gelesen.

☐ Ich habe den Text vorgelesen. Zuhörer: _____

So gut kann ich den Text nun lesen: ☐ ● ☐ ● ☐ ●

5 Lies im **Jo-Jo-Lesebuch** die Seite 110: Frühlingsanfang.

Zu Jo-Jo-Lesebuch 2, Kapitel 9, Seite 110:
Vorwissen über den Frühling aktivieren, Text lesen und Stolperwörter streichen,
Selbsteinschätzung

Wie die Blumen wachsen

1 Lies und male die passenden Hälften farbig an.

Im Winter ist	so eine Art Winterschlaf.
Die Blumenzwiebel macht	wieder zu wachsen.
Wenn es wärmer wird,	Wasser und Nährstoffe auf.
Die Zwiebel nimmt aus der Erde	der Boden gefroren.
Sie beginnt	kommen aus der Erde.
Die ersten Schneeglöckchen	taut der Erdboden auf.

2 Schreibe die Wörter passend zum Bild.

Blumenzwiebel   Wasser   ~~Nährstoffe~~

Erde   Spitze   Wurzeln

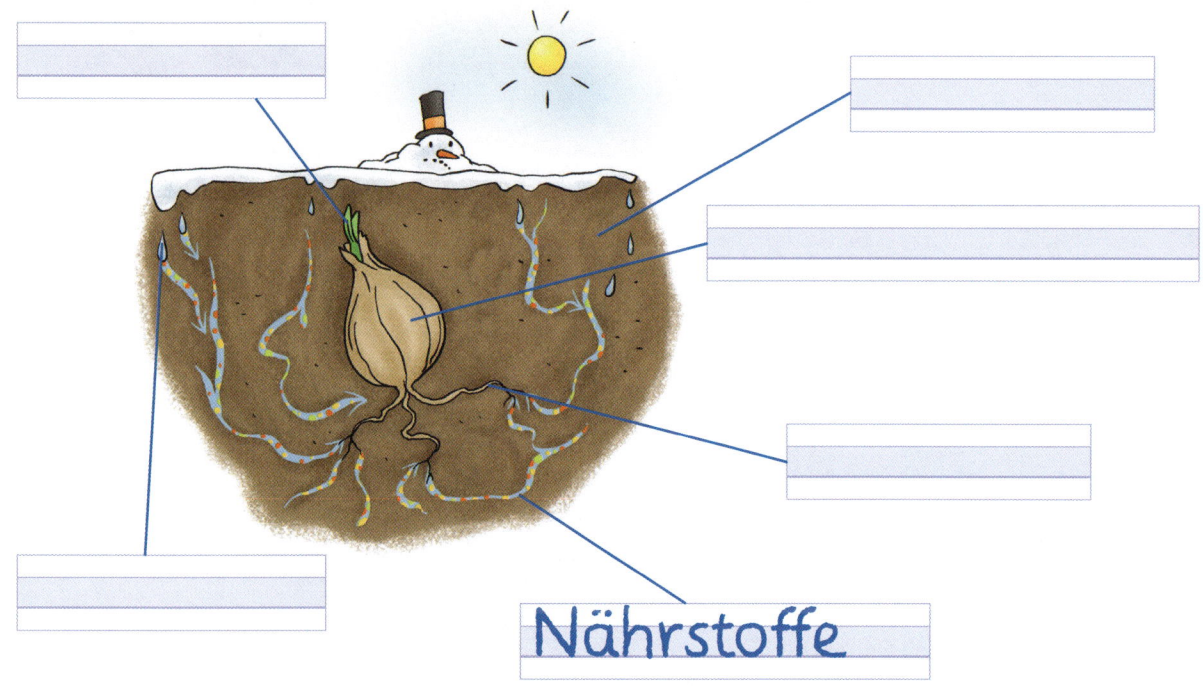

Nährstoffe

Die Amseln

1 Welche Texte gehören zu den Bildern?
Schreibe die passenden Buchstaben in die Kästchen.

E Die Amsel baut ihr Nest
mit Moos und weichen Gräsern.
Wenn es fertig ist, legt sie ihre
Eier hinein und brütet sie aus.

T Die Amselkinder haben
Hunger. Sie sperren ihre
Schnäbel weit auf. Die Eltern
füttern sie mit Spinnen,
Würmern, Schnecken und Beeren.

S Vierzehn Tage später
schlüpfen die Amseln. Sie sind
nackt und die Augen sind zu.

N Wenn es Frühling wird,
singt das Männchen.
Es will damit
ein Weibchen anlocken.

2 Trage die gefundenen Buchstaben ein.

Lösungswort:

1	2	3	4

Vorbereitend zu Jo-Jo-Lesebuch 2, Kapitel 9, Seite 112:
Textabschnitte Bildern zuordnen, Lösungswort notieren

Hast du alles verstanden?

Tipp: W-Fragen beantworten

Mit W-Fragen **(Wer, was, wann, womit, wie ...)** kannst du prüfen, ob du einen Text richtig verstanden hast.

1 Beantworte die W-Fragen.

Unterstreiche die Antworten zuerst im Text auf Seite 42.

a) **Wer** baut ein Nest?

Die

b) **Womit** baut die Amsel das Nest?

c) **Wann** schlüpfen die kleinen Amseln?

d) **Wie** sehen die geschlüpften kleinen Vögel aus?

e) **Was** fressen die kleinen Amseln?

2 Erkläre einem Partnerkind, was der Satz bedeutet.

Wenn die Jungen größer sind, werden sie flügge.

Vorbereitend zu Jo-Jo-Lesebuch 2, Kapitel 9, Seite 112:
W-Fragen zu einem Text beantworten, einen Begriff/Satz selbstständig erklären

43

Hör mal

1 Wir können vieles hören.
Lies und verbinde passend.

klatschen reißen   zwitschern tropfen

summen   schnippen fauchen   knarren

2 Suche in den Wörtern die Bausteine.
Markiere sie mit verschiedenen Farben und zähle sie.

all: irr: app: isch: atsch:

knallen hallen klirren klatschen flirren

zischen schallen wischen sirren patschen

zupfen rupfen schnupfen klappern plappern

Zu Jo-Jo-Lesebuch 2, Kapitel 10, Seite 127:
Wörter lesen und Bildern zuordnen, Signalgruppen erkennen

Brüllt ein Vogel auf der Wiese?

(1) Lies erst jede Zeile. So sind es witzige Sätze!
Lies dann nochmals und verbinde passend.

Ein Vogel	brüllt auf der Wiese.
Eine Katze	platzt mit einem lauten Knall.
Ein Ballon	poltert die Treppe hinab.
Ein Hund	schwappt über das Ufer.
Ein Junge	summt im Garten.
Eine Biene	faucht den Hund an.
Das Wasser	zwitschert im Baum.
Eine Kuh	bellt auf der Straße.

(2) Unterstreiche die Wörter für Geräusche.

(3) Lies die Sätze mehrmals laut.
Lass dabei die Wörter für Geräusche besonders klingen.

(4) Kreuze an. Schreibe in die Lücken.

> ☐ Ich habe die Sätze _____ Mal allein gelesen.
>
> ☐ Ich habe die Sätze vorgelesen. Zuhörer: _____
>
> So gut kann ich die Sätze nun lesen: ☐ 🟢 ☐ 🟠 ☐ 🔴

(5) Lies im **Jo-Jo-Lesebuch** die Seite 127
den Text: Geräusche raten.

Zu Jo-Jo-Lesebuch 2, Kapitel 10, Seite 127:
Teile von Sätzen verbinden, Wörter für Geräusche erkennen und betont lesen,
Selbsteinschätzung

45

Lauter lange Wörter

(1) Lies und trenne die Wörter durch Striche.

Joghurt|WäschePaketLochKnotenSchwingung

BecherOhrKindStimmeLuftSchallSchere

(2) Schreibe die Wörter auf.

Joghurt,

(3) Lies die Wörter und zeichne Silbenbögen ein.
Zähle die Silben.

Paket	2	Joghurt	
Paketschnur		Joghurtbecher	
Wäsche		Schnur	
Wäscheleine		Schnurtelefon	

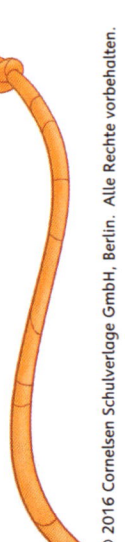

Ein Schnur-Telefon basteln

(1) Lies die Anleitung.

(2) Verbinde jeden Teil mit dem passenden Bild.

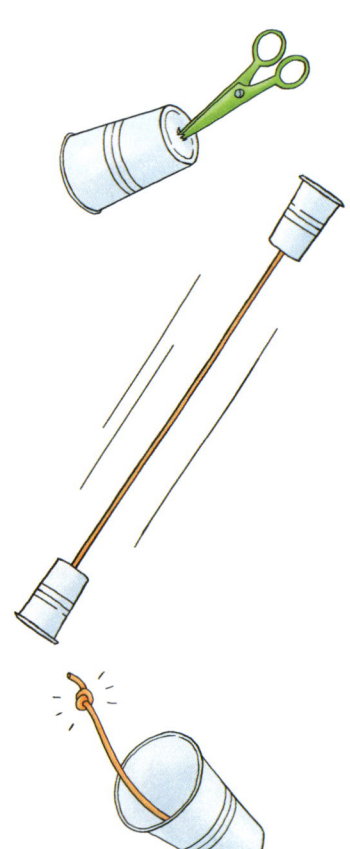

1. Bohre mit der Schere ein Loch
   in den Boden des Bechers.

2. Ziehe die Enden der Leine
   durch die Löcher.

3. Mache einen Knoten
   in jedes Ende.

4. Stelle dich mit einem Partner so auf,
   dass die Schnur gut gespannt ist.
   Flüstere in den Becher.
   Dein Partner hält den Becher
   ans Ohr und lauscht.

(3) Lies die Anleitung mehrmals laut.

(4) Kreuze an. Schreibe in die Lücken.

> ☐ Ich habe den Text _____ Mal allein gelesen.
>
> ☐ Ich habe den Text vorgelesen. Zuhörer: _____
>
> So gut kann ich den Text nun lesen: ☐ 🟢 ☐ 🟠 ☐ 🔴

(5) Lies im **Jo-Jo-Lesebuch** die Seite 129
den Text: Telefonieren mit dem Schnur-Telefon.

Es wächst und grünt

1 Lies den Text genau.

Maja erzählt eine Geschichte:
Ein freundlicher Gärtner redet gern mit seinen Pflanzen.
Er hat einen Wunsch: Seine Blumen sollen sprechen!
Eines Morgens wacht er auf. Im Garten ist es laut.
Er geht nach draußen. Die Pflanzen rufen.
Sie haben Durst. Der Gärtner gießt hastig die Beete.
Die Rosen schreien. Sie haben keinen Platz mehr,
weil das Unkraut so groß ist. Der Gärtner jätet
das Unkraut. Das Unkraut beschwert sich.
Es will nicht ausgerissen werden.
Der Obstbaum will Schatten für seine Wurzeln.
Er schimpft. Und so geht es in einem fort.
Der Gärtner ist ganz müde, weil seine Pflanzen
so viele Wünsche haben ...

2 Kläre diese schwierigen Wörter. Sprich mit einem Partnerkind.

hastig   Unkraut   jäten   Beet

3 Kreuze das passende Bild zum Wort an.

hastig

Unkraut

jäten

Beet

Vorbereitend zu Jo-Jo-Lesebuch 2, Kapitel 11, Seite 136:
genau lesen, schwierige Wörter klären

Wer wohnt wo?

1 Lies nochmals den Text auf Seite 48 oben.
Kreuze an, was stimmt.

☐ Der Gärtner redet gern mit seinen Nachbarn.
☐ Er wacht auf, weil die Vögel so schön singen.
☒ Die Pflanzen haben Durst und schreien laut.
☐ Der Gärtner fegt die Wege im Garten.
☐ Das Unkraut ist viel zu groß.
☐ Der Obstbaum möchte Schatten haben.
☐ Alle Pflanzen sind zufrieden und lächeln.
☐ Der Gärtner ist müde, weil die Pflanzen
so viel fordern.

2 Immer zwei Sätze bedeuten dasselbe.
Male sie mit der gleichen Farbe aus.

Der Gärtner reißt das Unkraut aus dem Boden.

Der Obstbaum will Schatten für seine Wurzeln.

Der Gärtner jätet das Unkraut.

Der Gärtner gießt hastig die Beete.

Seine Blumen sollen wie Menschen sprechen.

Der Gärtner schüttet schnell Wasser über die Blumen.

Der Gärtner möchte sich mit seinen Blumen unterhalten.

An die Wurzeln des Obstbaumes soll keine Sonne kommen.

3 Lies im **Jo-Jo-Lesebuch** die Seite 136.

Vorbereitend zu Jo-Jo-Lesebuch 2, Kapitel 11, Seite 136:
Aussagen zu einem Text überprüfen, Sätze mit gleicher Bedeutung markieren

49

Können Pflanzen sprechen oder nicht?

(1) Ein Text heißt: Die Pflanzen-Sprache.
Worum könnte es gehen? Sprich mit einem Partnerkind.

(2) Schau dir mit deinem Partnerkind die Bilder an.
Was haltet ihr von dieser Pflanzen-Sprache?

(3) Worüber könnten Pflanzen miteinander sprechen? Kreuze an.

(4) Lies die Wörter von oben nach unten.
Zeichne Silbenbögen ein.

Duft	Blatt	Plage
Duftstoff	Blattlaus	Plagegeist
Duftstoffe	Blattläuse	Plagegeister

(5) Was ist ein Plagegeist? Kreuze an.
Tipp: Es gibt zwei Antworten.

☐ jemand, der Witze macht und mich zum Lachen bringt

☐ jemand, der mich stört und ärgert

☐ jemand, den ich gern wieder loswerden würde

Vorbereitend zu Jo-Jo-Lesebuch 2, Kapitel 11, Seite 137:
Vermutungen zu einer Überschrift und zu Bildern anstellen, vorbereitende Leseübungen

Informationen über die Pflanzen-Sprache

1 Lies den Text genau.

Pflanzen verständigen sich durch Duftstoffe.
So tauschen sie sich zum Beispiel
über Schädlinge aus. Schädlinge sind Tiere,
die der Pflanze schaden.
Blattläuse sind zum Beispiel Schädlinge,
auch Pilze gehören dazu.
Wenn eine Tomatenpflanze
von einer Raupe angefressen wird,
sendet die Pflanze einen bestimmten Duft aus.
Mit dem Geruch lockt sie Tiere an,
die die Schädlinge auf der Tomate gern fressen.
So wird die Pflanze ihre Plagegeister wieder los.

2 Suche die roten Wörter im Text. Kreise sie ein.
Tipp: Manche Wörter kommen mehrmals vor.

Schädlinge   Raupe   Pflanze   Geruch   Tiere

3 Lies den Text nun mehrmals laut.

4 Kreuze an. Schreibe in die Lücken.

☐ Ich habe den Text _____ Mal allein gelesen.

☐ Ich habe den Text vorgelesen. Zuhörer: _____

So gut kann ich den Text nun lesen: ☐ 🟢 ☐ 🟠 ☐ 🔴

5 Lies im **Jo-Jo-Lesebuch** die Seite 137.

Vorbereitend zu Jo-Jo-Lesebuch 2, Kapitel 11, Seite 137:
einen Text genau lesen, einzelne Wörter im Text auffinden (überfliegendes Lesen),
Selbsteinschätzung

51

Medien

Bekommst du manchmal SMS-Nachrichten?
Sie sind kurz. Man soll sie schnell lesen.
Viele Wörter kommen oft vor.
Wenn man sie sofort erkennt, liest man schneller.

Tipp:
Lass ein Partnerkind mit einer Stoppuhr stoppen, wie lange du brauchst! Macht drei Durchgänge. Wirst du immer besser?

1 Übe, diese kleinen Wörter Zeile für Zeile schnell zu lesen.
Tippe zunächst mit dem Finger auf jedes Wort.
Lies später nur mit den Augen.

mit	im	nie	und	mit
es	du	nie	man	noch
ins	aus	mit	du	ab
und	mit	es	noch	du
und	nie	doch	wo	bis
aus	ich	und	oft	wo
oft	am	ich	du	nie
es	noch	ins	und	mit
es	du	am	noch	was

2 Unterstreiche mit drei Farben <u>und</u>, <u>mit</u>, <u>es</u>.

Vorbereitend zu Jo-Jo-Lesebuch 2, Kapitel 12, Seite 142:
kleine (Funktions-)Wörter schnell lesen

Kleine Wörter finden

1 Lies die SMS-Nachrichten.

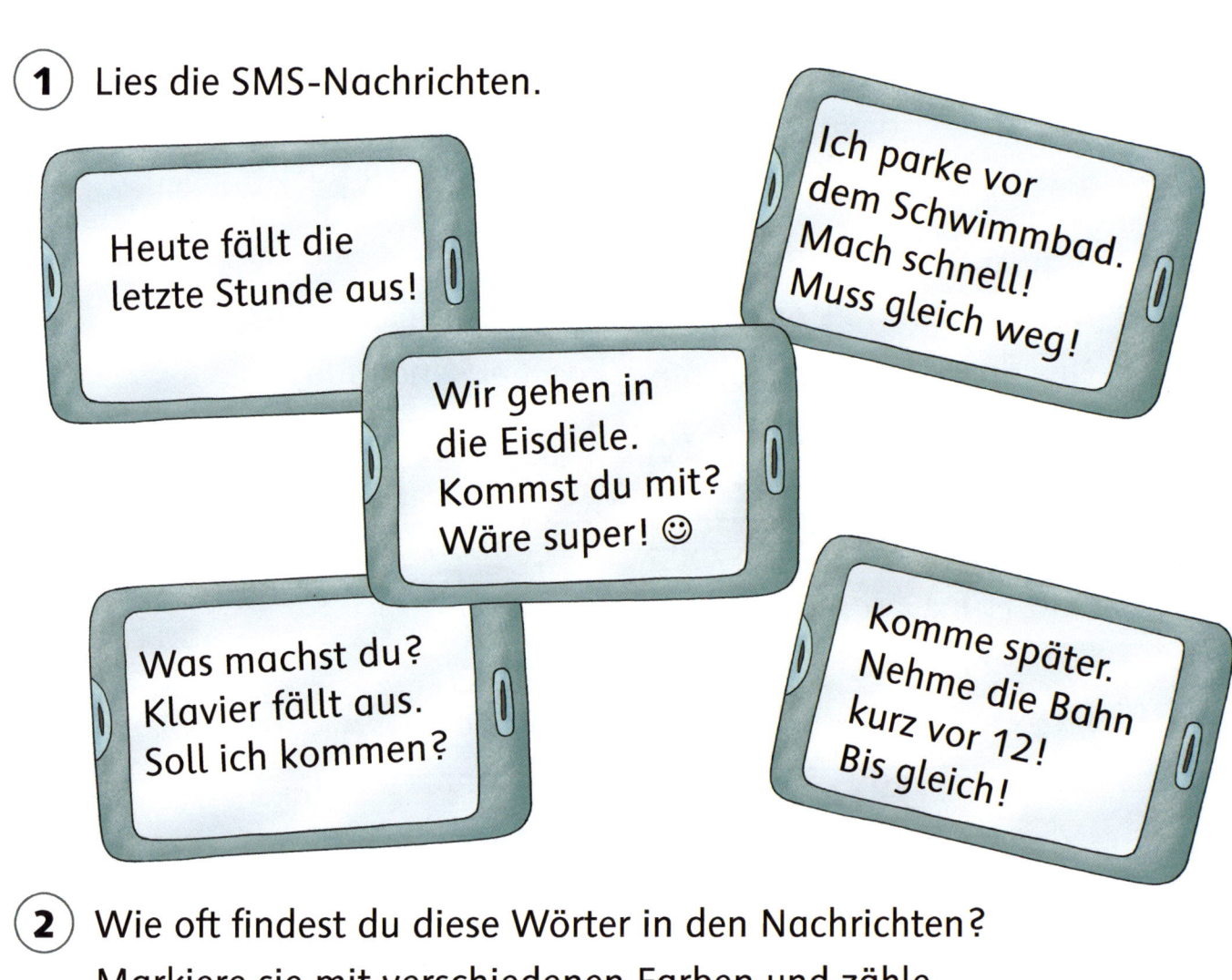

Heute fällt die letzte Stunde aus!

Ich parke vor dem Schwimmbad. Mach schnell! Muss gleich weg!

Wir gehen in die Eisdiele. Kommst du mit? Wäre super! ☺

Was machst du? Klavier fällt aus. Soll ich kommen?

Komme später. Nehme die Bahn kurz vor 12! Bis gleich!

2 Wie oft findest du diese Wörter in den Nachrichten?
Markiere sie mit verschiedenen Farben und zähle.

die: ☐   du: ☐   vor: ☐   aus: ☐   weg: ☐

3 Lies die Nachrichten von oben nun mehrmals laut.

4 Kreuze an. Schreibe in die Lücken.

☐ Ich habe die Nachrichten _____ Mal allein gelesen.

☐ Ich habe sie vorgelesen. Zuhörer: _____

So gut kann ich alles nun lesen: ☐ 🟢 ☐ 🟠 ☐ 🔴

Zu Jo-Jo-Lesebuch 2, Kapitel 12, Seite 142:
Kurznachrichten lesen, kleine (Funktions-)Wörter schnell erkennen, Selbsteinschätzung

53

Der Franz hat es nicht leicht!

(1) Lies den Text mehrmals.

(2) Erzähle einem Partnerkind, was du gelesen hast.

Kennst du schon den Franz?
Der Franz hat es nicht leicht mit seinen Eltern!
Nur drei Fernsehprogramme kann er sehen.
Deshalb kommt er sich wie „der Blöde" vor,
weil die Kinder in der Schule immer von Filmen reden,
die sie im Fernsehen angeschaut haben.
Und Franz kann dann nicht mitreden.
Bei ihm zu Hause darf der Fernseher
nicht einfach laufen. Mama und Papa
gucken sich das Fernsehprogramm an.
Wenn sie eine Sendung gut finden,
darf Franz sie sehen.
Franz soll einfach nicht so viel fernsehen.
Die Eltern erfinden viele andere Sachen,
die Franz tun kann, zum Beispiel basteln
oder Kekse backen.
In der Schule ist es für den Franz blöd,
wenn die anderen Kinder über ihn lästern.
Die Filme, die er sehen darf, nennen sie „Baby-Kram".
Und für den Franz ist „Baby"
das schlimmste Schimpfwort, das er kennt.
Darüber hat er sich auch schon bei der Oma beklagt.

nach Christine Nöstlinger

(3) Kreise im Text das Wort mit den meisten Silben ein.

Vorbereitend zu Jo-Jo-Lesebuch 2, Kapitel 12, Seite 144/145:
einen Text lesen, verstehen und wiedergeben; das längste Wort im Text erkennen

W-Fragen helfen beim Verstehen

(1) Lies die vier W-Fragen.
Die Antworten sind auf der Seite 54 farbig markiert.
Male die Fragen in den gleichen Farben aus.

> **Warum** kommt der Franz sich wie „der Blöde" vor?

> **Was** darf bei ihm zu Hause nicht einfach laufen?

> **Wie** halten die Eltern den Franz vom Fernsehen ab?

> **Wann** darf der Franz eine Sendung sehen?

(2) Unterstreiche die Antworten zu diesen Fragen im Text.
Schreibe die Antworten dann auf.

Wie viele Fernsehprogramme kann der Franz sehen?

Er kann

Was soll der Franz statt fernsehen zum Beispiel tun?

Bei wem hat sich der Franz beklagt?

(3) Finde für die graue Antwort selbst eine passende W-Frage.

(4) Lies im **Jo-Jo-Lesebuch** auf den Seiten 144/145
den ganzen Text über den Franz.

Zu Jo-Jo-Lesebuch 2, Kapitel 12, Seite 144/145:
W-Fragen Textstellen zuordnen, W-Fragen beantworten, selbst eine W-Frage formulieren

55

Sommerhitze

(1) Was sieht Paul durch sein Unterwasser-Seh-Rohr?
Lies die Wörter genau.

Krebs

Muscheln

Algen

Fische

Steine

Zehen

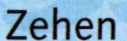

(2) Trage die Wörter von oben ein.

M _ _ _ _ _ _ _ _   _ _ ei _ _   _ i _ _ _ _

_ _ _ _ n   _ r _ _ _   Z _ _ _ _

(3) Wenn du ein Unterwasser-Seh-Rohr basteln willst,
brauchst du diese Dinge. Verbinde passend.

Schere   Gummiring   Frischhaltefolie

Paketklebeband   leere große Milchtüte

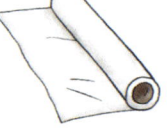

Vorbereitend zu Jo-Jo-Lesebuch 2, Kapitel 13, Seite 155:
Wörter lesen und passend eintragen, Wörter und Abbildungen verbinden